LE
PORTE-FEUILLE

DE

MADAME GOURDAN

DITE

LA COMTESSE.

Pour servir à l'Histoire des mœurs du du Siècle, & principalement de celles de Paris. Seule Édition exacte.

O Tempora! o Mores!

A SPA.

Du 15 Juillet M. DCC LXXXIII.

PRÉFACE DE L'ÉDITEUR.

CONDUIT, *non par l'amour, mais par la débauche, dans le plus fameux temple qu'elle ait à Paris ; c'eft-à-dire, chez la Gourdan, j'attendois dans le falon qu'une victime vînt fe préfenter. J'apperçus une écritoire. Ayant un billet à écrire, je me mis auffitôt à l'ouvrir pour y prendre du papier ; mais au lieu d'en trouver, je n'y vis que des lettres. La curiofité de voir la correfpondance d'une pareille femme m'en fit lire quelques-unes. Elles me parurent plaifantes. J'en pris un paquet que je mis dans ma poche. Ce font celles que je donne au Public, comme fervant à l'hiftoire des mœurs du fiècle & de celles de Paris.*

J'ai retranché le nom des perfonnes qui fûrement n'auroient pas été bien aiſes d'être nommées. Quant à celui des demoiſelles, je l'ai cru inutile, attendu qu'elles en changent pluſieurs fois dans l'année.

LE

PORTE-FEUILLE

DE

MADAME GOURDAN

DITE

LA COMTESSE.

DE MILORD F***.

de Londres le 15 décembre 1773.

C OMME j'ai ouï dire, Madame, que vous connoiſſiez toutes les demoi-ſelles de Paris (1), & qu'on ne pour-

---

(1) C'eſt ainſi qu'on appelle les filles libertines.

A iij

roit mieux faire que de s'adreſſer à vous pour avoir une jolie maîtreſſe, je vous prie de m'en tenir une toute prête pour mon arrivée qui ſera du 15 au 20 janvier. Voici comme je la veux: âgée de ſeize ans, blonde, de cinq pieds ſix pouces, taille ſvelte, les yeux bleus & langoureux, la bouche petite, la main jolie, la jambe fine & le pied mignon. Si vous me la trouvez telle, il y aura cinquante louis pour vous. Adreſſez-moi votre réponſe à mon paſſage à Calais, à l'Auberge de Deſſaint.

De M. P***, Commis de la Police.

Paris ce 27 décembre 1773.

VOUS avez, Madame, bien des ennemis. On vient de donner un nouveau Mémoire à la Police contre vous. Je l'ai mis de côté, & ne le préfenterai à Monfeigneur le Lieutenant de Police que ce foir à fix heures, en faifant mon travail avec lui. Si vous voulez venir chez moi fur les quatre heures, je vous le communiquerai. Nous conférerons auffi enfemble fur ce que je pourrai dire en votre faveur. Croyez, Madame, que vous n'êtes pas la feule qui ayiez du chagrin. Il vient de me manquer une rentrée de vingt-cinq louis, ce qui me met dans l'embarras, ayant demain un billet à payer. Perfonne, Madame, ne vous eft plus attaché que moi. Je vous attends à quatre heures.

De M. le Marquis de N***.

Paris ce 28 décembre 1773.

JE ne puis m'empêcher de convenir, ma chère Gourdan, que les filles que vous avez envoyées hier à ma petite maison ne foient charmantes ; mais elles ont fait les bégueules, & n'ont pas voulu fe prêter aux fantaifies de la fociété. Je vous prie, une autre fois de ne pas m'envoyer de ces prudes-là. Jeudi, il me faudra du joli & du roué de la dernière efpèce; j'ai le Duc de F. & le Comte de G. C'eft vous en dire affez. Adieu, ma chère Gourdan, fervez-moi bien; vous favez que je fuis une bonne pratique.

De M. POVENCE, Parfumeur.

Paris le 2 janvier 1774.

JE viens de faire, Madame, une découverte des plus utile au sexe charmant qui rampe sous vos loix : c'est une pommade astringente qui opère son effet en moins d'un quart - d'heure, & donne un air de nouveauté aux choses qui ont le plus servi. Le pot est du prix d'un louis. Je vous en envoie un que je vous prie d'accepter pour en faire l'essai. Votre très-humble & très-obéissant serviteur.

P. S. Mon adresse est rue Troussevache, à la Fontaine de Jouvence. On trouve aussi chez moi des eaux pour rendre la peau blanche, des bombons pour corriger l'odeur de la bouche ; & généralement tout ce qu'il faut pour rajeunir une femme & lui donner de la beauté.   B

De M. LÉONARD, Ufurier & Agioteur.

Paris, ce 3 janvier à 9 heures du matin.

JE trouve, Madame, une occafion très-avantageufe de vous défaire des bijoux dont vous m'avez parlé. M. le Comte de S. cherche à faire une affaire en lettre de change à trois, fix & neuf mois. Il ne payera peut-être pas à l'échéance ; mais il n'y a rien à perdre. Il s'agit feulement, en conféquence du retard qu'on peut éprouver, de prendre un gros intérêt. Comme M. le Comte eft preffé, il n'y regardera pas de fi près. Faites-moi réponfe tout de fuite par le porteur du préfent.

De Mademoiselle VICTOIRE.

De Saint-Martin 1 le 4 janvier 1774.

SI vous n'avez, Madame, la bonté de vous intéresser pour moi, je suis perdue. Voici l'aventure qui m'est arrivée. Mardi dernier j'ai été chez Nicolet 2. Trois jeunes gens m'ont offert de me donner à souper chez moi. J'ai accepté. Le souper a été des plus gai; on a beaucoup bu. Quand il a fallu payer, ces trois jeunes gens ont pris querelle entr'eux, & aussitôt ont mis l'épée à la main. En vain j'ai voulu les empêcher. J'ai appelé au secours. La garde

---

1 Prison de Paris destinée aux filles de mauvaise vie.

2 Spectable des Boulevards.

qui paſſoit eſt montée & eſt entrée dans ma chambre au moment qu'un de ces étourdis tomboit noyé dans ſon ſang. On a arrêté tout le monde & on a été chercher un Commiſſaire avec un Chirurgien. Le premier, après avoir dreſſé ſon procès-verbal, m'a envoyé à Saint-Martin ; les ferrailleurs à l'Abbaye, & le bleſſé a été tranſporté chez lui. Sa vie eſt en danger. Vous voyez Madame, mon innocence. J'attends tout de vous, d'après les offres réitérées que vous m'avez faites de m'être utile dans l'occaſion.

J'ai l'honneur d'être, Madame avec un reſpectueux attachement, votre très-humble & très-obéiſſante ſervante.

De M. le Vicomte de M***.

Paris ce 15 mai 1774.

DEPUIS long-temps j'ai envie d'un pucelage. Si vous m'en trouvez un, n'importe l'âge & la figure, il y a quarante louis pour vous. Tâchez que je paſſe vîte ma fantaiſie. Les choſes qui ſe font trop deſirer perdent de leur prix.

De Mademoiſelle FANCHON.

Lundi 7 juillet 1774.

Madame,

JE me ſerois rendue chez vous au reçu de votre billet, ſi je n'étois incommodée ; mais dans trois jours, je me porterai bien, & j'aurai l'honneur d'aller vous voir. Je suis bien fâchée que cette circonstance retarde mon apparition aux spectacles. Je brûle d'être dans le chemin de la fortune & du bonheur.

J'ai l'honneur d'être avec respect, Madame, votre très - humble & très-obéissante servante.

De M. l'Évêque de C***.

Paris ce 15 décembre 1774.

VOUS mériteriez que je vous fisse mettre à l'Hôpital 1. J'ai reçu chez vous un fameux coup de pied de Vénus qui m'oblige de quitter la capitale pour aller rétablir ma santé dans mon diocèse. On a bien raison de dire qu'il

---

1 Maison de correction auprès de Paris où l'on met les femmes de mauvaise vie.

n'y a plus de probité & qu'on ne
fait à qui fe fier.

De M. ***.

A fix heures, du café de la Régence.

JE ne pourrai vous mener ce foir
le Baron Allemand. Je fors de dîner
chez lui. Il a tant bu qu'on a été obligé
de le mettre dans fon lit. Je vais voir
au fpectacle fi je ne trouverai perfonne
pour le remplacer. Faites payer le
Porteur.

De Mademoifelle EULALIE.

Paris ce 17 janvier 1775.

J'AI maintenant, ma chère maman 1,
un Entreteneur que je peux tromper
tout à mon aife. Ainfi je ferai à vos

---

1 Nom que donnent les demoifelles
de Paris à celles qui les procurent.

ordres quand-vous voudrez, moyennant
que vous me ferez avertir deux heures
d'avance, Je n'oublierai jamais, ma chère
maman, toutes les obligations que j evous
ai, puisque c'est vous qui m'avez mise dans
le monde. Votre chère enfant.

De M. ***.

Paris ce 15 mars 1775.

J'AI reçu votre lettre de reproche.
Vous êtes trop exigeante ; si vous conti-
nuez, il faudra nous séparer. Depuis
que nous vivons ensemble, j'ai refusé
les offres les plus avantageuses ; mais j'ai
un foible pour vous, vous le savez bien,
& voilà ce qui fait que vous agissez
comme vous le faites. Mais je vous
avertis que je me corrigerai, si vous ne
changez. Envoyez-moi vingt-cinq louis
dont j'ai le plus pressant besoin. Je vous
en remercierai ce soir en allant sceller
notre raccommodement. Votre fidèle.

De M. *** Chirurgien.

Paris, ce 18 août 1775.

J'AI été ce matin, Madame, vifiter les demoifelles dont vous m'avez parlé ; je puis affurer de la fanté de toutes, excepté de Rofette qui a befoin de faire quarantaine. Quant à Julie, elle eft dans un temps où l'on ne peut rien décider.

De M. l'Abbé de J***.

Ce Samedi.

CE foir, fur les cinq heures, je me rendrai chez vous par la porte de derrière. Du joli & le boudoir aux glaces.

C

De Madame N * * *.

Paris ce 7 septembre 1775.

JE fuis, Madame, la plus malheureufe de toutes les femmes. J'ai pour
mari un vieil hibou, avare, âgé de
foixante ans. Il ne me procure aucun
plaifir, & ne me donne pas même de
quoi avoir la moindre mode nouvelle,
de manière qu'il n'y a pas la plus petite
bourgeoife du quartier qui ne foit
mieux mife que moi, qui ai dix-neuf
ans, & fuis très - jolie ; vous jugez
bien qu'ayant époufé un magot comme
mon mari, c'eft qu'il eft riche, & que
je n'ai rien. Je veux me venger,
Madame, de fes procédés, en lui faifant mille infidélités. Auffi je vous
offre mes fervices. Je fuis affez libre
de fortir quad je veux, pourvu que

je fois prévenue quelques heures d'avance. Vous ferez peut-être étonnée de ma lettre, n'ayant pas l'honneur d'être connue de vous; mais c'eft Madame ***, mon amie, à qui vous avez rendu fervice autrefois, qui, fachant mes intentions, m'a confeillée de m'adreffer à vous, pouvant compter fur votre difcrétion, & que vous ne me mettriez dans aucun embarras.

Je fuis, Madame, avec des féntimens d'attachement, votre très - humble & très-obéiffante fervante.

De M. le Duc de C ***.

Paris ce 8 novembre 1775.

J'AI rencontré hier matin une jolie petite fille; elle demeure rue Saint-Denys, dans la maifon où eft la boutique de la balayeufe, au troifième fur le devant. Elle s'appelle Jofephine, eft orpheline & loge chez fa tante, ouvrière en linge ; il y a vingt-cinq louis pour vous, fi je puis l'avoir d'ici à huit jours. Une fille de cette efpèce ne doit pas être difficile à féduire

---

De M. L * * *.

Ce lundi.

AYANT beaucoup joui dans ma jeunefse, & étant âgé de cinquante-cinq ans, il faut quelque chofe qui me ranime pour pouvoir encore fentir mon exiftence. Un feul fpectacle me procure cette douceur : c'eft de voir deux femmes nues fe donnant réciproquement du plaifir. Si vous pouvez me le procurer, je me rendrai chez vous jeudi à quatre heures d'après-dîné.

De Monſieur * **

Paris ce 14 février 1776.

Madame,

J'AI fait hier la connoiſſance de deux Anglois qui ſont nouvellement arrivés ; je leur ai propoſé de venir ce ſoir ſouper chez vous, ils l'ont accepté. N'oubliez pas qu'il faut des grandes femmes pour ces Meſſieurs, c'eſt le goût de leur nation. Envoyez-moi par le porteur deux louis à compte de mes honoraires, j'en ai beſoin pour retirer un habit de gage, & aller aux Italiens où eſt notre rendez-vous.

J'ai l'honneur d'être avec reſpect, Madame, votre très-humble & très-obéiſſant ſerviteur.

De M. le Préſident de N.***.

Paris, ce 26 février 1776.

N'OUBLIEZ pas de m'envoyer lundi la petite fille dont vous m'avez parlé. Il faut qu'elle ſoit miſe en bourgeoiſe & ſoit accompagnée d'une femme d'un certain âge qui paſſera pour ſa mère. Elles doivent avoir un papier à la main, comme ſi elles venoient me préſenter une requête. Je donnerai des ordres en conféquence à ma porte. Elles prendront le nom de Dubois. Comptez ſur ma reconnoiſſance ; quant à ma généroſité, elle vous eſt connue.

De Mademoiselle LOLOTTE.

Lyon ce premier mars 1776.

DEPUIS près d'un an, Madame, je figure fur le théâtre de cette ville & même y danfe quelquefois dans les ballets. Je vois bien que cet état ne peut me mener à la fortune, ni même que je puiffe la faire dans cette ville, où il y a très-peu d'étrangers, que les femmes qu'on appelle honnêtes & qui ne font rien moins, nous enlèvent. Quant aux Négocians, ils ont de petites grifettes à trente-fix livres par mois ; ainfi vous voyez qu'il faut végéter & perdre fon temps. Si j'avois le bonheur que Madame voulût bien me promettre de fe charger de moi, je partirois à Pâques pour Paris. Je ne vous mande rien de ma figure ; mais afin que vous en puiffiez juger, je vous envoie mon portrait : quant à ma taille, elle eſt ordinaire ; mon pied eſt fait pour la danſe, ma main eſt jolie ; on a ſouvent trouvé qu'elle ſavoit donner bien du plaiſir.

J'ai l'honneur d'être, Madame, avec reſpect, votre très - humble & très-obéiſſante ſervante.

─────────────────────

De M. B * * *, Élève de l'Académie de Peinture.

Paris ce premier mai 1776.

J'AI, Madame, la collection des poſtures de l'Arettin en quarante tableaux ovales. Comme je vais à Rome, je deſire de m'en défaire ; je crois que cela ne convient à perſonne mieux qu'à vous pour orner vos boudoirs. Le prix & de mille écus, j'en ai refuſé, il y a un an, cent louis de M. le Duc de ***.

Si

Si vous voulez les venir voir, je ferai chez moi toute l'après-dîné & demain toute la matinée.

De M. le Baron de P * * *.

Verfailles ce 15 juin 1776.

JE defcends, Madame, demain ma garde. Je vous amènerai fouper chez vous lundi un jeune Officier de notre régiment. Il eft tout neuf; n'oubliez pas d'arranger le mémoire de manière que la moitié paye la dépenfe rotale. Vous favez que c'eft nos conventions. Adieu, Madame, à lundi. La jeuneffe de Paris devroit vous élever une ftatue en confidération des fervices que vous lui rendez. Je fuis tout à vous.

D

De M. le Vicomte de B * * *.

Paris ce 15 octobre 1776.

J'AI vu hier aux Italiens la maîtresse du Marquis de G * * *. Faites-moi, je vous prie, avoir un tête-à-tête avec elle chez vous; car on ne peut aller chez elle à cause de la jalousie du Marquis; ça ne doit pas vous être difficile. On m'a dit que c'étoit une de vos enfans.

De M. de M * * * Fermier général.

Paris ce 10 novembre 1776.

IL y a long-temps, ma chère Gourdan, que je n'ai pu aller chez vous; ma diable de goutte m'a forcé de garder la chambre un mois; m'en voilà à la fin débarraffé. Faites-moi tenir pour jeudi après le fpectacle la porte de derrière ouverte. Penfez à m'avoir du joli & du bourgeois. Vous favez bien que j'aime la grifette, & qu'il n'y a que cela qui me rajeunit. A jeudi fans faute, ma chère Gourdan.

De Madame ***.

Paris ce 16 décembre 1776.

JE ne pourrai, Madame, me rendre chez vous aujourd'hui à caufe que mon mari étant malade, ne pourra aller vaquer à fes occupations ordinaires. On eft bien malheureufe quand on n'eft pas fa maîtreffe & qu'on dépend d'un mari. Au plaifir de vous voir le plutôt poffible.

De Mademoiselle MARIANNE.

d'Amiens ce 5 janvier 1777.

Madame,

VOUS saurai donc que j'avons dix-sept ans, & que un grand enjoleux de filles de ces Gardes du Corps m'avons fait un enfant l'année paſſée, ſous la promeſſe qu'il m'avoit fait de mener à Paris, où je pourrions faire fortune étant aſſez jolie. Hé bien! Madame je vous dirons donc que ce grand diable là ne m'avons pas tenu parole, & m'a bouté là pour raverdir. Je ne ſavons que devenir, mes parens ne voulions plus de moi chez eux. Un de ces Gardes du Corps à qui je me ſommes adreſſé, m'avons dit, en me donnant votre adreſſe, que vous étiez une brave Dame qui prenions pitié des pauvres

filles. Or donc, Madame, j'avons pris
la liberté de vous écrire. J'efpérons
tout de vos bontés, & je vous prions
de me faire une réponfe, que j'atten-
dons avec grand impatience. Je fommes
logé à la Croix blanche, rue de la
Femme-fans-tête. Je fommes, Madame,
avec le plus profond refpeCt,

Votre très-humble & très-obéiffante
feryante.

De M. ***.

Paris, ce 4 février 1777.

JE viens, Madame, de faire l'histoire des plus fameuses Laïs de Paris; j'ai pris la liberté de vous la dédier. Cet hommage vous est bien dû, puisque quantité des héroïnes sont vos élèves. Je suis, Madame, votre très-humble & très-obéissant serviteur.

De Madame VERATÉ, Usurière & Agioteuse.

Paris ce 15 novembre 1777.

J'AI, Madame, entre les main une pacotille de marchandises d'affaires, composée de satins, musulmanes, gros de tours, taffetas & bas de soie; comme la perſonne qui les fait vendre eſt très-preſſée d'avoir de l'argent comptant, on aura ces marchandiſes à cent pour cent de perte. Je ſuis, Madame, votre très-humble & très-obéiſſante ſervante.

De M. PEXIOTO 1.

Ce Samedi.

JE me rendrai demain ſur les dix heures du matin, chez vous. N'oubliez pas d'avoir des plumes de paon tout ce qu'il y a de plus beau.

---

1 L'Éditeur de ces Lettres a cru inutile de retrancher le nom de ce Banquier, & de n'y laiſſer que la lettre initiale. Il auroit été reconnu tout de ſuite, dès qu'on auroit vû dans ce Billet qu'il eſt parlé de plumes de paon, n'y ayant pas deux perſonnes qui aient le goût de M. Pexioto, qui eſt de ſe mettre nud & marcher à quatre pattes

De Mademoiſelle R O S E.

J'AI appris, ma chère maman, que mes parents de la maiſon de qui je ſuis ſortie ſans leur conſentement, ayant ſu que j'étois ici, y ſont venus pour me faire enfermer. Je ſuis une fille perdue, ſi vous n'avez pitié de moi. Ne négligez rien en ma faveur auprès des protections que vous avez à la Police. Vous ſavez, ma chère maman,

par la chambre, après s'être fait mettre des plumes de paon dans le derrière. La demoiſelle avec qui il eſt eſt obligée de lui frotter le dos, en diſant: ah le beau paon! On aſſure auſſi que ce Banquier a le goût Italien, & qu'il a donné, en 1781, mille louis à Michu, Acteur de la Comédie Italienne, pour paſſer une nuit avec lui.

que

que je vous fuis toute dévouée; j'attends tout de vos bontés, & fuis dans des tranfes mortelles jufqu'à ce que j'aye de vos nouvelles. Ne m'abandonnez pas de grâces.

De Monfieur ***.

Paris ce 6 octobre 1778.

IL y aura demain, Madame, courfe de chevaux au bois de Vincennes. Ne manquez pas d'y aller avec cette nouvelle débarquée. Si elle pouvoit donner dans l'œil de M. le Comte de D ***, c'eft un amateur, cela feroit fort avantageux. Il faut que cette jeune perfonne foit élégamment mife; mais cependant de manière à ce qu'on s'aperçoive que c'eft une étrangère Vous voyez que je penfe à vos intérêts: je me flatte que vous en ferez reconnoiffante

E

& que vous me ferez avoir une place dans les Fermes ; ça vous eſt ſi facile, étant l'amie de tous les Fermiers généraux. Je ſuis, Madame, avec un très-ſincère attachement, votre très-humble & très-obéiſſant ſerviteur.

De Mademoiſelle FLORE de l'Opéra.

Paris ce 18 novembre 1778.

VOUS ſavez, ma chère Maman, que j'étois entrenue par le Marquis de * * *. Ce perfide, ce traître, vient de me quitter, moi qui l'aimois de bonne foi, & ne lui ai jamais fait d'infidélité ; moi qui ai refuſé vingt entreteneurs qui valoient mieux que lui. Hé bien ! il m'a abandonné, & pour qui ? Pour Madame la Comteſſe de * * * ça crie vengeance. Je ſuis au comble du déſeſpoir ; j'abhorre maintenant les hommes ; je ne veux vivre que pour les tromper & m'en venger. Je vous prie, ma chère maman, de me prêter quinze louis pour arranger mes petites affaires ; tous mes créanciers, fachant que ce monftre de Marquis m'a quitté, font venu m'affaillir ; ils me menacent de me faire affigner : jugez de l'embarras où je ferois fi vous ne venez à mon fecours ; je craindrois en outre, quoique bien meublée & bien arrangée, de me voir réduite à rien ; car une fois que la Juftice a mis le nez dans les affaires de nous autres pauvres femmes entretenues, nous fommes perdues. Obligez-moi, ma chère maman, vous connoiffez la reconnoiffance que votre chère Flore a toujours eue de vos bontés.

De Mademoiselle D'Aigremont.

Calais, ce 10 février, 1779.

Le temps de mon année d'engagement, Madame, finit bientôt. Je n'en ai pas voulu contracter pour cette année ; je suis lasse de jouer la Comédie ; je ne trouve rien de si désagréable que d'être traitée pendant deux ou trois heures en femme de qualité, &, après avoir représenté l'opulence, de se retirer dans un appartement mesquinement meublé pour y faire un mauvais soupé. Ce qu'il y a de pis encore, c'est d'être assujettie au caprice d'un public souvent injuste, & de risquer d'être sifflée par un manant à qui votre figure déplaira. De plus, comme maintenant on ne peut se faire applaudir qu'à force de crier ; ayant une complexion délicate

& fort peu de poumons, je ne pourrai jamais y parvenir; c'eſt pourquoi, tout bien réfléchi, je voudrois trouver un entreteneur; j'ai vingt ans, c'eſt l'âge des amours; je joue aſſez bien le ſentiment & connois les ruſes qu'il faut employer pour attacher un amant & le ruiner complettement. Vous m'obligeriez, Madame, ſi vous pouviez me procurer un entreteneur à mon arrivée. Vous pouvez compter que je ferai·très-reconnaiſſante & ſais bien les règles qui s'obſervent en pareilles occaſions.

Je ſuis, Madame avec un ſincère attachement, votre très - humble & très-obéiſſante ſervante.

De M. ***.

Paris, ce 10 février 1770.

JE vous envoie, Madame, mon mémoire, ne manquez pas de le remettre ce soir à Monseigneur; si l'affaire réussit, il y a cinquante louis pour vous; cela vous est très-facile, il n'y a qu'à faire entrer cette affaire dans le marché de la petite Rosalie; par le canal d'une petite jolie fille, on obtient tout en France.

De M. le Marquis de G ***.

Paris, ce 3 mars 1779.

NOUS irons demain quatre faire un souper chez vous. Il faudra prévenir les demoiselles que nous passerons la soirée dans l'état où nous venons au monde.

De M. RIGAL, Orfèvre 1.

Paris ce 15 avril 1779.

VOTRE argenterie, Madame eft prête, envoyez-moi les armes ou le chiffre qu'il faut y faire graver.

De Mademoifelle LAURE.

Paris ce 6 juin 1778.

MA fanté, ma chère maman, eft totalement rétablie; il eft bien cruel

---

1 Les Étrangers qui ne font jamais venus à Paris s'étonneront peut - être d'entendre parler d'argenterie pour une perfonne comme Madame Gourdan. Il ne faut pas qu'ils croyent que l'on veut leur en impofer. On eft fervi chez cette femme avec de la vaiffelle platte tout ce qu'il y a de plus beau. Cela doit faire voir la quantité de monde qui va chez cette femme & leurs qualités.

que les faveurs de l'amour deviennent souvent un supplice, & qu'on puise la douleur dans la source des voluptés. Je serai désormais à vos ordres.

De Mademoiselle MOREL.

Paris ce 7 septembre 1779.

VOILA un siècle, chère Maman, que vous ne me faites pas faire de partie 1. Je ne sais comment payer mon loyer & mille petites dettes criardes que j'ai. Au diable soit la guerre qui nous ruine; si on la regarde comme un fléau pour l'État, elle est encore plus cruelle pour nous. Pensez, je vous prie, à votre chère Morel.

---

1 Les demoiselles entendent par ce mot les têtes-à-têtes qui leur rapportent de l'argent.

De

De Mademoiselle HENRIETTE.

Paris ce 27 octobre 1779.

JE vous prie, ma chère maman, de m'envoyer demain à dix heures la jeuneſſe avec toutes ſortes de marchandiſes. Il y aura chez moi à cette heure - là un provincial à qui je fais tourner la tête depuis plus de huit jours. Selon ſa généroſité, je le rendrai heureux, ou je le congédierai ; vous voyez, chère maman, que votre Henriette ſuit vos principes & ne veut rien donner au haſard. Je vous ſuis attachée pour la vie.

F

De Madame FREMONT.

Paris ce 20 janvier 1780.

Madame ,

SI vous aviez befoin d'une bonne 1 pour vos demoifelles, je vous offre mes fervices. Croyez que je fuis très au fait du métier, ayant été moi-même demoifelle; mais le ravage des ans & les fatigues m'ayant ôté le peu de figure que je poffédois, je me fuis trouvée réduite à fervir. J'ai, Madame, un talent merveilleux pour les vieux paillards : je manie à merveilles les verges & le martinet. J'ai l'honneur d'être avec refpect, Madame, votre très-humble & très-obéiffante fervante.

---

1 Nom que donnent les demoifelles aux femmes qui font pour les fervir, & préparer dans leurs garde-robes l'eau & les odeurs néceffaires pour leur toilette.

De Mademoiselle CAROLINE.

Paris ce 17 mars 1780.

Sɪ vous voulez, ma chère maman, j'ai dans ma rue une jolie petite bourgeoise qui n'a que quatorze ans, & qui demeure chez sa belle-mère, qui la bat vingt fois le jour. Je vous l'amènerai ; elle m'en a fort prié ; il ne sera pas difficile de la faire recevoir par Vaugien 1. La petite se prêtera à ses

---

1 C'est l'Inspecteur de la Police chargé de la partie des filles publiques. Elles sont toutes enregistrées chez lui. Il faut qu'elles déclarent qu'elles ne sont plus pucelles pour pouvoir être admises. Les filles de mauvaise vie qui ne sont pas ainsi inscrites sur le livre de Police, à moins qu'elles ne soient attachées aux grands spectacles de Paris, lorsqu'elles sont prises en flagrant délit, sont envoyées à l'Hôpital.

fantaifies ; je l'en ai avertie ; elle confent
à tout pourvu qu'on la forte de chez
fa marâtre. Répondez - moi le plutôt
poffible, chère Maman.

De M. D * * *, Colporteur.

Paris ce 22 juin 1780.

JE viens, Madame, de recevoir de
Hollande, d'une fuperbe édition, avec
des gravures en taille douce : la Pucelle,
le Portier des Chartreux, Margot la
Ravaudeufe, les poftures de l'Arrétin,
le Laurier eccléfiaftique, la Fille de
joie, les Délices du cloître, le Chapitre
des Cordéliers, l'Entretien de deux
Nones, pour fervir d'inftruction aux
jeunes demoifelles qui entrent dans le
monde, l'Ode à Priape & la foutro-
manie. S'il y a, Madame, quelques-uns
de ces ouvrages qui vous conviennent,

mandez-le-moi avec l'heure à laquelle je pourrai vous trouver.

—————————————————

De FRANÇOIS.

Paris ce 5 août 1780.

Madame,

J'AI enfin obtenu la place que vous avez sollicité pour moi dans les Fermes. Je suis nommé Commis à la barrière St. Antoine. Croyez, Madame, que je n'oublierai jamais l'obligation que je vous ai, & que les jours où mon service sera libre, je les emploîrai pour être utile à Madame. J'ai en vue plusieurs petites grisettes très-jolies, j'espère les gagner dans peu.

J'ai l'honneur d'être avec le plus profond respect, Madame,

Votre très-humble
& très-obéissant
serviteur.

De Mademoiselle J U L I E.

Ce Samedi.

J E vous envoie, ma chère maman, les cinq louis qui vous reviennent pour le fouper que j'ai fait hier à la petite maifon de ce vieux financier, ayant eu dix louis. En vérité, les complaifances que j'ai été obligée d'avoir en valoient bien davantage : il a fallu me mettre toute nue & monter à cheval fur lui qui étoit auffi nu & à quatre pattes ; j'avois la tête tournée du côté de fon derrière, & tandis qu'il me faifoit faire le tour de la chambre, je le fouettois à tour de bras. Ce manége a duré une heure au moins. Je ne pouvois m'empêcher de rire aux larmes chaque fois que les glaces me répétoient. Ah ! que les hommes ont des goûts bizarres ! Je ne pourrai, chère maman, être à vos ordres de la foirée, ayant décidé de la paſſer avec mon amant 1. On ne peut pas être toujours à Plutus, il faut quelquefois être à l'Amour.

---

1 Il eſt d'ordinaire que toutes les filles aient un amant. C'eſt communément leur perruquier ou quelque laquais. Celles qui donnent dans du plus relevé, ont un de ces libertins ſans aſyle, qui ne vivent que d'eſcroquerie au jeu, de maquerellage, & tâchent de duper les étrangers en liant connoiſſance avec eux dans les cafés, aux ſpectacles des Boulevards, aux tripots ou dans les mauvais lieux, ſeuls endroits que fréquente cette vile eſpèce, de laquelle on doit ſe méfier, ſur qui la Police a toujours les yeux ouverts, & dont il n'y a pas de mois qu'elle n'en exile quelques membres.

De M. le Marquis de * * *.

Paris ce 5 octobre 1780.

J'ARRIVE enfin de mon régiment ; il y a dix-huit mois que je suis abfent de Paris ; vous avez dû me croire mort. Ce foir, après le fpectacle, j'irai avec trois de mes amis fouper & coucher chez vous. Du joli & du roué ; il ne faut pas des prudes pour des Capitaines de Dragons. Ayez provifion de champagne moufleux. Mes camarades aiment à boire. Quant à moi, vous n'ignorez pas mon goût, j'ai décoîfé quelques bouteilles chez vous.

De Madame * * *.

Paris ce 20 décembre 1780.

J'AI surpris le billet que vous avez écrit à ma fille ; il vous sied bien de chercher à débaucher la jeunesse. Je vais le porter à M. le Lieutenant de Police ; il devroit bien vous chasser de Paris, ainsi que vos semblables ; il n'y auroit pas tant de malheureuses créatures.

De M. DELORME, Sellier.

Paris ce 22 mars 1781.

VOUS aurez, sans faute, Madame, votre voiture toute prête pour aller à Long-Champs 1. Il m'a été impossible

---

1 A Paris, dans le Carême, le mercredi, le jeudi & le vendredi saint,

G

de vous la livrer plutôt, étant accablé d'oùvrage.

***

De Mademoiſelle G R A N D V A L.

Paris ce 3 juin 1781.

J E pars demain, ma chère maman, avec M. d'Elleizen, pour aller aux eaux

en place d'aller à ténèbres qui eſt l'office de l'aprés-dîner, tout le monde ſe rend en voiture au Bois de Boulogne dans l'allée de Long - Champs. Là, chacun cherche à briller par le luxe de ſes équipages & la beauté de ſes chevaux. Les demoiſelles entretenues y étalent la générofité de leurs amans par la magnificence de leurs voitures. Elles piquent leur amour-propre en voulant être plus brillantes à l'envi l'une de l'autre. Quant aux demoiſelles d'un ordre inférieur, elles louent des carroſſes de remiſe & vont y étaler leurs grâces pour chercher à trouver quelques dupes qui leur en donnent.

de Spa. Si vous avez quelques commissions à me donner pour ce pays, je m'en chargerai avec plaisir ; vous ne devez pas être inquiète de moi, car avec un Banquier de jeu on est toujours sûre de ne pas éprouver les caprices de la fortune. Croyez que, quelque pays que j'habite, je n'oublierai jamais les bontés de ma chère maman.

Votre affectionnée.

De Mademoiselle ZELMIRE.

Paris ce 15 juin 1781.

N'Y ayant ma chère maman, rien à faire à Paris où il n'y a maintenant aucun Anglais, & que tout le monde est à la guerre, je pars pour Lyon, où je vais tâcher, comme une autre Virginie 1, de mettre les Négocians à

---

1 En 1773, cette demoiselle, danseuse

contribution. Au plaisir de vous revoir. Si vous avez quelques commissions à me donner, écrivez-moi poste restante.

———————————————

M M. les Entrepreneurs de la Redoute Chinoise envoient à Madame Gourdan quatre-vingt billets, qui serviront tous les jours excepté les dimanches, fêtes & jeudis 1.

Paris ce 15 juin 1781.

———————————————

de l'Opéra, quoiqu'avec des charmes usés, fut à Lyon. En six mois de temps elle y gagna soixante mille livres. Ses nuits étoient fixées à 15 & 25 louis, selon l'âge. Tous les Négocians, peu accoutumés à jouir d'une élève de Therpsicore, voulurent l'avoir. Plusieurs furent si contens de la première nuit, qu'ils briguèrent la faveur d'une seconde, troisième & quatrième.

1 Les Entrepreneurs de la Redoute Chinoise, du Wauxhall, de la Foire Saint-Germain, ainsi que les Directeurs

De M. le Comte de K * * * , Ruſſe.

Ce 20 juillet 1781.

J'IRAI à cinq heures chez vous. Je voudrois y trouver une demoiſelle toute prête à venir avec moi aux Comédiens du bois de Boulogne, & de-là manger une matelotte à St. Cloud. Qu'elle ſoit gaie, j'aime beaucoup à rire & à folatrer.

des ſpectacles des Boulevards, diſtribuent pluſieurs fois par ſemaine des billets gratis aux demoiſelles, afin d'attirer beaucoup de monde à leurs ſpectacles.

De Mademoiselle ZELMIRE.

Lyon ce 4 août 1781.

JE vous envoie, ma chère maman, par la diligence les étoffes que vous m'avez demandées. On m'a payé à vue la lettre de change que vous m'avez fait passer. Comme il y avoit trente livres de reste, je vous envoie pour cela des dessus de souliers, tout ce que j'ai trouvé de plus joli. A présent que je vous ai parlé de vos affaires, je vais, ma chère maman, vous entretenir un peu des miennes. Le pays est brûlé, il ne vaut plus rien ; je gagne cependant de quoi me tirer d'affaire. Si je ne fais pas fortune, au moins je n'en serai pas pour mes frais : en outre, ayant quelque temps quitté Paris, en y reparoissant avec un autre nom, cela

me donnera un air de nouveauté qui
ne peut que bien faire. Adieu, chère
maman.

De M. COLINOT, Jouaillier.

Paris ce 1er feptembre 1781.

VOTRE bec à Diamans ne pourra
être monté que dans quinze jours,
attendu que j'ai été très-preffé d'ouvrage pour deux mariages. Je vous
envoie votre tabatière avec votre portrait ; j'efpère que vous ferez contente
de l'entourage ; il ne peut manquer de
plaire à celui pour qui vous le deftinez,
les diamans font de prix

De Mademoiſelle VIOLETTE.

Paris ce 19 octobre 1781.

JE vous préviens, ma chére maman, que je ne veux plus aller faire de ſouper avec Juſtine ; elle eſt non-ſeulement de mauvaiſe foi ſur ce qu'on lui donne, mais encore quand elle eſt griſe, ce qui lui arrive toujours, elle ſe met toute nue, & nous ſommes obligées de ſuivre ſon exemple, pour ne pas paſſer pour des bégueules & éviter la mauvaiſe humeur des convives. Il eſt permis d'être libertine, mais faut-il au moins ne pas ſe proſtituer indignement.

De

De Mademoiselle J U S T I N E.

Paris ce 19 octobre 1781.

VIOLETTE, ma chère maman, a dit qu'elle vous porteroit des plaintes de moi ; je me moque de ce que peut dire une petite perronnelle comme elle qui veut faire la prude, & a pour amoureux son laquais & son coîfeur ; toutes ces demi-vertueuses sont plus coquines que nous qui sommes de bonnes réjouies, & nous moquons du qu'en dira-t-on. Tout ce que pourra dire la prude Violette ne me fera pas changer ; conseillez-lui en amie d'être tranquille, car si elle me fâche, je lui arracherai les yeux : elle ne veut plus faire de souper avec moi, & moi je n'en veux plus faire avec elle. Arrangez-vous en conséquence, du reste je serai à vos ordres quand vous voudrez.

H

De Mademoiselle ROSETTE.

Paris ce 23 décembre 1781.

L'EXEMPT de Police Vaugien m'a
mandé pour demain dix heures du matin.
Ce fera fans doute pour la difpute que
j'ai eue chez Nicolet avec Eulalie.
J'aurai furement gain de caufe, car
j'accorderai pour cela à Vaugien tout
ce qu'il voudra, & c'eft le moyen
d'en faire tout ce qu'on veut. Cependant
vous m'obligeriez, chère maman, de
me donner une lettre de recommanda-
tion pour lui, vous êtes fa grande amie.

De Monsieur * **.

Paris ce 7 janvier 1782.

PAS un étranger d'arrivé. J'ai parcouru tous les hôtels de la rue de Richelieu & du faubourg Saint-Germain. Il n'y a que quelques officiers & des plaideurs. Ce n'est pas là le gibier qu'il nous faut. Je n'ai jamais vu une si grande disette. Je me suis arrangé avec les portiers des hôtels, pour être averti dès qu'il arrivera quelqu'un, cela m'évitera beaucoup de courses, qui souvent font des pas perdus. Croyez, Madame, que je ne suis pas moins fâché que vous, & que je desire bien que les temps changent, sans cela je ne saurai où donner de la tête.

De Mademoiselle FLEURY.

de l'hôtel de la Force 1 *ce 17 février 1782.*

JE viens d'être conduite ici, chère maman, ayant été arrêtée pour une lettre de change de deux cents cinquante livres. Le gueux de Lapierre, Garde du Commerce, n'a pas voulu me permettre d'envoyer chez vous, ni même me laisser le temps de mettre mes effets en gage pour payer cette lettre de change que j'ai faite à ce coquin d'André, Horloger dans la cour du Manége aux Tuilleries, pour une montre qu'il m'a vendue & qui ne vaut pas quatre louis. Venez, chère maman, à mon secours. Je suis comme une folle. Vous connoissez m̃ attachement &

---

1 Prison où l'on met les personnes pour dettes & par ordre de la Police.

l'empreſſement que j'ai à remplir vos ordres. Je ſuis perdue ſans vous. Comptez ſur ma reconnoiſſance, qui ne finira qu'avec la vie.

De M. Lyonais.

Paris, ce 8 mars 1782.

VOTRE petite chienne, Madame, eſt en bonne ſanté, je vous prie qu'on la vienne chercher demain & de m'envoyer par le porteur ſoixante - quinze livres, à quoi ſe monte ſa penſion, les médicamens & mes honoraires. 1.

---

1 On ſera peut-être ſurpris du prix; mais il eſt bon de ſavoir que M. Lyonais éſt l'Eſculape de chien le plus renommé de la Capitale. Il a gagné à ce métier plus de cent mille écus. Il eſt ſeigneur de la terre de Vernon en Bourgogne, qu'il a payé deux cents mille livres argent comptant. La cauſe

Du Prince P * * *, Polonois.

ce 17 mars 1782.

J'IRAI chez vous après le spectacle ;
Je veux avoir Julie, Rozette & Eulalie ;
qu'elle soient en petit déshabillé du
matin, coîfées en cheveux, avec des
tresses flottantes sur les épaules.

de sa réputation & de sa grande fortune fut la guérison de la chienne de
feue Madame de Pompadour, maîtresse
de Louis XV. Cette cure lui valut la
place de Médecin consultant des chiens
de Sa Majesté, avec douze cents livres
d'appointement. Ce M. Lyonais a un
fils à qui il a acheté une charge dans
la Magistrature.

De Mademoiselle ROSALBA.

Paris ce 2 janvier 1782.

QUOIQUE j'aie paffé, Madame l'âge des amours, ayant trente ans, ma figure n'eft cependant pas fans attraits; mais j'ai un talent particulier pour rappeler à la vie un vieux paillard ufé de débauche, & je fais me prêter à tous fes goûts bizarres fans la moindre répugnance. Je ferai, Madame, à vos ordres dès que vous le jugerez à propos. J'ai l'honneur d'être votre très-humble & très-obéiffante fervante.

P. S. Mon adreffe eft, rue d'Enfer, chez le deuxième Marchand de vin, à l'enfeigne du Paradis perdu, au premier fur le derrière.

De Monsieur D***.

Paris ce 19 février 1783.

IL est arrivé, Madame, beaucoup d'Anglois, mes émissaires m'en ont averti. N'oubliez pas de vous montrer aux spectacles, au Wauxhall & aux promenades publiques avec ce que vous avez de plus joli. Je vais faire ensorte de trouver quelque bonnes Jupes. J'ai en vue un jeune Anglois qui demeure à l'hôtel de Russie, rue de Richelieu; son Domestique de louage est un homme qui est totalement dévoué: je lui ferai présenté demain pour lui servir d'interprête & le mener voir tout ce qu'il y a de curieux dans la Capitale. Dès qu'une fois je serai encré chez lui, je tâcherai de connoître ses goûts, & alors nous nous arrangerons ensemble

.pour

pour que vous vous trouviez aux
spectacles quand nous irons. Cela seroit
un coup de maître, si nous pouvions
lui donner pour maîtresse une de ces
demi-novices que vous avez. Elle ne
feroit rien sans notre conseil, & nous
mènerions l'Anglois grand train. Il nous
faudroit une aubaine pareille pour nous
remettre du tort que nous a fait la
guerre. Demain je vous ferai part de
mon entrevue avec notre futur pi-
geonneau. Votre affectionné.

De Monsieur D***.

Paris ce 20 février 1783.

JE fors, Madame de chez notre
Anglais. Il a pris des arrangemens avec
moi & a accepté avec grand plaisir
mes offres de services. Nous devons
aller ce soir à comédie Italienne. J'ai

I

envoyé louer une loge aux secondes.
C'eſt le N.º 3 côté du Roi. Vous
devriez y venir, & faire louer le
pareil numéro, côté de la Reine. Je
verrai l'effet que produira ſur lui le
vis-à-vis d'une jolie perſonne. Il faudroit
qu'elle fût miſe modeſtement, afin d'en-
flammer davantage ſes deſirs, en lui
donnant pour du tout neuf & comme
une conquête qui demande des peines.
A ce ſoir aux Italiens, n'y manquez
pas, Je m'échapperai un moment pour
aller vous donner des nouvelles de ce
qui ſe paſſera entre l'Anglais & moi.
Votre affectionné.

De Monsieur D.***.

Paris, ce ce 21 février 1783.

L'ANGLAIS m'a beaucoup parlé de son joli vis-à-vis des Italiens. Il est pris. Il m'a dit qu'il desireroit d'avoir pendant son séjour ici une maîtresse qui lui ressemblât. Je lui ai répondu que facilement il pourroit trouver ce qu'il desiroit ; que si nous rencontrions encore cette jolie personne aux spectacles, je la feroit suivre pour savoir qui elle est ; que peut-être c'étoit une une demoiselle peu riche, qui seroit charmé de vivre avec un galant homme qui lui feroit du bien & répareroit l'injustice de la fortune. Il m'a beaucoup remercié, ajoutant que sa reconnoissance seroit sans bornes si je pouvois lui rendre service dans cette affaire d'où dépendoit fon bonheur. Il paroît qu'il eft encore très-novice en amour ; tant mieux c'eft un tréfor pour nous. Nous alons ce foir à l'Opéra. Nous nous placerons à l'amphithéâtre : allez aux premières & tâchez d'être arrivée à cinq heures & un quart. Que la petite ne néglige rien pour fa parure ; mais qu'elle foit fans affectation & avec la plus grande fimplicité. Votre affectionné.

De Monfieur D***.

Paris ce 22 février 1783.

A peine fûmes-nous arrivés hier à l'Opéra, que notre Anglais vous ayant aperçu, me tirant par le bras, s'eft écrié : la voilà ; je fuis le plus heureux des hommes. J'ai eu peine à calmer es tranfports. Il n'a de ce moment

été occupé que de fes amours, & ne
s'eft plus embarraffé de l'Opéra. A
chaque inftant il me rappeloit la pro-
meffe que je lui avois faite de vous
faire fuivre. Enfin, pour le contenter,
je fuis forti après le premier acte, &
lui ai fait accroire que j'avois donné
les ordres néceffaires pour cela, l'affurant
que je faurois lui donner des renfei-
gnemens fur vous. Je me fuis rendu ce
matin fur les neuf heures chez lui:
notre amoureux n'avoit pas fermé
l'œil de la nuit. A peine m'a-t-il laiffé
le temps d'entrer que, me voyant, il
m'a dit : hé bien ! quelles nouvelles ?
Serai-je le plus heureux ou le plus
malheureux des hommes ? Je lui ai
répondu que je ne favois rien encore
que votre adreffe; mais que j'avois mis
du monde en campagne pour être totalement inftruit, & que pour l'être plus
promptement, j'avois promis dix louis

au premier qui me fatisferoit, pourvu que ce fût d'ici à vingt-quatre heures. Il m'a répliqué : c'eft bien long. Il falloit promettre vingt – cinq louis. & être inftruit tout de fuite. Nous allons ce foir à la Comédie Françaife ; mais il n'eft pas néceffaire que vous y veniez, ni alliez à aucun fpeétacle ; j'imagine que notre Anglais voudra les parcourir tous dans l'efpérance de rencontrer fes amours. Demain je vous donnerai de nouvelles inftruétions pour la conduite que vous devez tenir. Votre affeétionné.

De Mademoifelle LAURETTE.

Paris ce 23 février 1783.

JE ne pourrai, Madame, me rendre à vos ordres pour le fouper avec ces Anglais, fi vous n'avez la bonté de

m'envoyer trente-six livres par le porteur pour pouvoir retirer une robe
que j'ai en gage, me faire coïfer &
acheter une paire de souliers. Depuis
long-temps je n'ai eu d'occupation,
aussi je suis dans la plus grande dé-
tresse. Si la guerre avoit encore duré
un an, nous autres pauvres filles nous
étions ruinées ; mais, grâces au Ciel,
la paix est faite, & on dit que les
étrangers arrivent en foule.

J'ai l'honneur d'être, Madame, avec
respect, votre très - humble & très-
obéissante servante.

_____

De Monsieur D***.

Paris ce 23 février 1783.

J'AI cru qu'hier la tête tourneroit
à mon Anglais de ne pas voir ses
amours. Nous avons, comme je l'avois

bien prévu, couru tous les fpectacles.
Le foir il étoit d'une humeur de diable ;
je crains qu'il ne fe brûle la cervelle,
fi nous ne mettons pas fin à fon tour-
ment. Je lui ai dit qu'on m'avoit rap-
porté que la petite perfonne étoit
orpheline & vivoit chez une de fes
tantes qui menoit une vie fort retirée,
excepté le temps du carnaval où elle
donnoit beaucoup de diffipation à fa
nièce en la menant aux fpectacles &
aux bals. Alors je lui propofai de
venir ce foir au bal mafqué de l'Opéra
dans l'efpérance de vous y trouver, Il
y a confenti avec joie. Ne manquez
pas d'y venir ; que la petite n'ait qu'un
très-petit mafque, qui laiffe à notre
Anglais la facilité de la reconnoître. Si
même il ne le pouvoit étant mafquée,
il faudroit qu'elle fe démafque ; mais
vous le refterez tout le temps du bal.
Dès que l'Anglais aura reconnu fes

amours,

amours, il ne manquera pas de l'a-
border. Recommandez bien à la petite
de jouer la vertueuſe & l'innocente.
Elle peut cependant feindre un air de
tendreſſe pour lui & lui demander s'il
n'étoit pas jeudi aux Italiens & vendredi à l'Opéra. Il ſera flatté qu'elle l'ait
remarqué; moi pendant tout ce temps,
je cauſerai avec vous, & nous verrons
ce qu'il y a à faire. Votre affectionné.

De Monſieur D***.

Paris ce 24 février 1783.

A peine eûtes-vous quitté le bal de
l'Opéra, que nous nous retirâmes.
L'Anglais étoit ravi de tout ce que la
petite lui avoit dit. Il m'a vanté ſon
eſprit, ſon ingénuité, & m'a ajouté
que s'il étoit amoureux d'elle, il
croyoit qu'elle en tenoit pour lui. Je

K

lui ai demandé comment; il m'a répondu qu'elle l'avoit remarqué à la
comédie Italienne & à l'Opéra, & qu'en
outre il l'avoit entendu foupirer plu-
fieurs fois. C'eſt par ma foi bon ſigne,
Mylord, lui ai-je dit; mais ce qui eſt
fort heureux, c'eſt que pendant que
vous entreteniez la nièce, moi j'ai fait
la conquête de la tante, & j'ai obtenu
d'elle la permiſſion que nous allions leur
faire une viſite mardi après dîner. Ah!
m'a répondu Mylord, que d'obligations
ne vous ai-je pas! Je voudrois déjà
être à ce moment.

En conſéquence, il faudra vous rendre
mardi matin chez moi. Mon appartement ſera très-commode pour l'entrevue. Il faut que la petite continue à
jouer la paſſionnée vertueufe; ayez
toutes deux l'air un peu triſte. Je vous
en demanderai la cauſe, & après bien

des. inftances, vous me répondrez que
vous venez d'effuyer une banqueroute
de douze mille livres ; que quant à
vous la perte eft très-confidérable, mais
pas fi grande que pour votre nièce à
qui il ne refte prefque plus rien. Enfuite vous regarderez votre montre &
direz que vous êtes obligée de fortir
pour aller chez votre Notaire, où vous
avez un rendez-vous, que vous efpérez
qu'une autre fois, lorfque nous vien-
drons vous voir, vous n'aurez pas
d'affaires. Je me charge du refte, & je
gage que l'Anglais donnera à plein
collier dans le piége. Venez chez moi
mardi avant midi, afin que je puiffe
vous donner encore quelques petites
inftructions. Votre affectionné.

De Monsieur D***.

Paris ce 25 février à minuit.

Je sors de souper avec l'Anglais ; il est des plus amoureux. Il n'a cessé de me parler du malheur de le petite. Il veut réparer sa perte, en lui donnant demain un porte-feuille, dans lequel il y aura pour douze mille livres de billets de la caisse d'escompte. Je lui ai dit que c'étoit des plus généreux, & qu'un procédé pareil ne pouvoit qu'achever de lui gagner totalement le cœur de sa maîtresse. Il doit joindre aussi un billet galant à ceux de la caisse d'escompte ; ces derniers valent mieux & sont plus énergiques que les autres. Nous irons chez vous vers les midi, ainsi il faut vous rendre chez moi vers les dix heures. J'y ferai arranger une toilette de femme ; il est bon qu'il trouve la petite à sa toilette, & puisse admirer la beauté de sa chevelure. Il donnera le porte-feuille comme une emplette qu'il a fait ce matin , en courant les Marchands de la rue Saint-Honoré. Recommandez à la petite de ne pas l'ouvrir ; mais à peine serons-nous sortis, il faudra qu'elle lui écrive ce billet :

« J E n'aurois pas accepté, Mylord, le porte-feuille, si j'avois su ce qu'il contenoit. Je ne l'ai pas dit à ma tante ; venez seul sur les cinq heures, elle sera sortie ; je veux vous remettre ce qu'il contient & vous gronder aussi de la lettre qui y étoit. Si vous ne venez pas je me brouille avec vous. »

L'Anglais ne manquera pas de se rendre au rendez-vous, & pour ne le gêner en rien, je lui dirai qu'ayant affaire toute l'après-dînée, je le prie de trouver bon que je ne l'accompagne point dans fes courfes.

La petite, à cette entrevue, fera toute la réfiftance néceffaire, pour faire croire qu'elle eft novice. Cependant elle laiffera triompher l'Anglais ; enfuite elle gémira & fera toutes les petites fimagrées néceffaires pour augmenter encore le prix de fa défaite. Sûrement notre amant me fera confidence de fa victoire, & alors j'arrangerai le refte. Ne manquez pas de bien exécuter tout ce que je vous mande. Votre affectionné.

De Monfieur D***.

Paris, ce ce 27 février 1783.

J'AI été ce matin au lever de Mylord, & après m'être informé de fa
fanté, je lui ai demandé comment il
avoit paffé hier l'après-dînée. Ah! la
plus agréable du monde, a-t-il répondu.
Il m'a compté fon entrevue & fa victoire. Il eft au comble de la joie ; il
fe croit aimé & le premier vainqueur
de la petite. Il m'a demandé comment
il pourroit faire pour vivre avec elle
pendant fon féjour ici. Il veut lui
monter une maifon & lui donner un
équipage, fi elle confent à vous quitter.
Il doit le lui propofer cette nuit au
bal de l'Opéra où il a rendez-vous,
la petite lui ayant dit que vous deviez
l'y mener. Qu'elle réponde à toutes

ſes propoſitions qu'elle en ſeroit en-
chantée, mais que ça ne ſe peut ſans
votre conſentement, que ſans cela vous
pourriez la faire enfermer. Alors l'Anglais ne manquera pas de me conſulter,
& je me chargerai de négocier avec
vous cet arrangement dont nous tire-
rons bon parti. Vous voyez que mes
eſpérances ſe ſont réaliſées & que nos
affaires ſont en bon chemin.

De Monſieur D***.

CE matin, en ſortant du bal, l'Anglois m'a conſulté, en me diſant tout
ce que la petite lui avoit dit; elle a
fort bien joué ſon rôle. Il m'a chargé
de tâcher d'obtenir votre agrèment; je
lui ai dit que j'irois vous voir à midi,
& qu'à deux heures je lui rendrois
compte de mon ambaſſade. Je lui dirai
qu'après

qu'après beaucoup de difficultés & de refus de votre part, vous y avez consenti, pourvu qu'il vous remette mille louis que vous placerez en rente viagère sur la tête de votre nièce, pour lui assurer un sort le reste de ses jours. Votre affectionné.

De Monsieur D***.

Ce 28 à quatre heures d'après midi.

Le Mylord est allé chez son Banquier chercher non-seulement les mille louis, mais encore autant pour me remettre, afin que je fasse meubler une maison & acheter tout ce qu'il faut pour loger son idole. Nous irons probablement à six heures vous voir, & terminer le marché. Dieu merci, notre intrigue a bien réussi. Recommandez à la petite d'agir prudemment. Elle sera sous peu de

L

jours chez elle. J'ai en vue une maison,
Chauffée d'Antin, qui est à louer pré-
sentement. Votre affectionné.

De Monsieur D***.

Ce 3 mars à une heure d'après midi.

L'ANGLAIS est au comble de sa
joie, de penser qu'il va posséder sa
maîtresse ; il ne cesse de presser les
ouvriers ; je crois que pour jeudi la
maison sera prête ; les diamans, l'équipage & les chevaux sont achetés de
ce matin. Ah, la bonne aventure pour
nous trois ! Instruisez bien la petite du
rôle qu'elle doit jouer avec son amant,
& avertissez-la de bien suivre mes
conseils ; il faudra qu'elle vous voie
peu & avec précaution, quand elle sera
dans sa nouvelle demeure , crainte
qu'étant aussi connue que vous l'êtes,

vous ne foyez reconnue par quelqu'un
& que l'Anglais vînt à découvrir qu'on
l'a trompé. Au demeurant, ça feroit
égal, nous en aurions toujours eu
trente-six mille livres, & amoureux
comme il eft de la petite, il ne la
quitteroit point. Votre affectionné.

De Monfieur D***.

Paris, ce 5 mars 1783.

LE petit palais deftiné à la petite
vient de finir, & l'ornement ne laiffe
rien à defirer; notre Anglais eft fou,
& tant mieux, faifons des vœux pour
que cette maladie le tienne jufqu'au
renverfement total de fa fortune : au
lieu de mille louis que je devois employer pour rendre le féjour de fa
divinité agréable, jen ai dépenfé cinq
cents de plus. Vous fentez que j'ai un

bon pour boire. Il n'eſt plus occupé
que du choix des vallets de la petite.
Il veut des beaux hommes; & ſachant
que l'amoureux de notre nymphe eſt
un de ces derniers, envoyez-le moi
promptement, je le préſenterai à notre
Anglais pour la place de Maître-d'hôtel.
Il faudroit qu'il vînt pendant ſon
abſence, afin de l'inſtruire de tout, pour
qu'il ne ſoit point embarraſſé & qu'il
ne ſe trahiſſe jamais & nous avec.
Il vient de monter en voiture pour
aller chez Fargeon, parfumeur du Roi,
où il a dit qu'il vouloit dépenſer cinquante louis pour la toilette de la
petite. Je crois que l'application de
cette ſangſue eſt encore néceſſaire
pour remplir notre point de vue.
Votre affectionné.

De M. l'Abbé de Q***

ce 17 mars 1783.

COMMENT, je ne pourrai pas faire un pas dans Paris que je ne foie trompé! C'eſt pour la feptième fois que j'y fuis pincé, mais plus férieufement que jamais, car celle - ci eſt en deux manières; vous mériteriez que je vous faffe mettre à l'Hôpital, pour vous apprendre à furveiller plus fcrupuleufement vos boudoirs & vos filles d'amour! Vous êtes heureufe que l'on ne veuille pas fe compromettre, car tous les jours il y auroit des plaintes fur votre compte à la Police. Bref, cela ne guérit pas mon mal: c'eſt dans votre boudoir à dix louis que j'ai eu le malheur de trouver un petit pot de pommade que la petite

friponne m'a dit être pour les lèvres ;
j'avois les lèvres gercées, & fans penfer
plus loin que cela, j'en ai mis deffus
en fortant de chez vous, pour qu'elle
opère plus efficacement pendant la nuit.
A mon grand étonnement aujourd'hui
j'ai la bouche toute retirée & perdue,
enfin j'ai une figure à faire peur, &
par furcroît de peine, je ne péux
rien prendre par-là. Faifant ufage chez
vous de cette pommade, vous favez fûrement le remède qu'il faut faire quand
on en a ufé avec profufion. Je n'ofe
voir aucun Médecin, qui, me faifant un monftre de ma maladie, en
rira intérieurement. Vîte au fecours de
ma bouche ; vous voyez que je ne
peux point dire de meffes ; & guérif-
fant de cet accident, je ne vous ferez
pas un procès pour l'autre.

De Mademoiselle ARSENNE.

Paris, ce 20 mars 1782.

J'AI bien du malheur, Madame, de n'avoir pas su profiter de vos sages leçons, & encore plus d'avoir été ingrate, pour suivre cette infâme Artemise. Son intention n'étoit point de me faire faire fortune en peu de temps, comme elle le disoit : c'étoit seulement celle d'assouvir sa passion brutale, & pour cela former mes doigts à un acte pour lequel j'ai de la répugnance & du dégoût. Le mot de fortune m'a séduit; car la première leçon que vous faites à vos élèves est de ne flatter l'amour que pour son or, seul principe de tout bonheur & & de toute jouissance. Depuis plus de deux mois je n'ai pas touché un sou.

On diroit qu'elle eſt jalouſe quand elle me voit fixer un homme, & lui faire de la prunelle un ſigne amoureux ; je n'ai cependant d'autre intention que d'en tirer le meilleur parti poſſible. Je ſuis bien malheureuſe d'avoir méconnu vos bontés, je ſerois aujourd'hui entretenue à la place de la petite Agate ; vous m'aviez promis la préférence : voilà ma pénitence, & le regret que j'en ai me replacera dans votre amitié. J'aurai l'honneur de vous faire ma révérence ſamedi prochain.

Je ſuis, Madame, votre très-humble & très-obéiſſante ſervante.

De Madame la Marquife de G***.

Paris, ce 21 mars 1783.

JE defire fecouer le joug de la barbarie d'un mari jaloux au fuprême degré. Depuis quatre ans, ce monftre me fait languir dans la plus affreufe continence. Un genre de vie femblable ne peut que me faire franchir les bornes d'une honnêteté qui jufqu'ici a fait mes plus cruels fupplices. Comment calmer les feux brûlans d'un tempéramment auffi violent que le mien ? Hélas ! vous le favez, Madame, & c'eft à vous auffi à qui j'adreffe mes plaintes; daignez être fenfible à mes maux. Je me ferois bien contenté de mes trois laquais; mais c'eft trois J..... L'un eft marié & couche avec fa femme, qui a l'air d'une grivoife qui ne boude

M

pas au lit, & le pauvre diable eſt preſque toujours ſans puiſſance quand je veux me ſervir de lui; le ſecond, m'a déclaré avoir gagné une petite infirmité en jouant à ce jeu-là avec une petite Marchande de modes de la rue de l'Échelle, qui venoit fréquemment le voir; l'autre, grand & fort, & porteur d'un inſtrument à faire envie, devient immobile au moment de me rendre heureuſe! Voilà-t-il pas une Marquiſe bien montée?

Allons, mon carême eſt fini, tâchez, Madame, pour me dédommager, de me trouver un homme vigoureux dévoué aux paſſions les plus violentes, pour dimanche à dix heures du matin. Quoique noble & payant généreuſement, aſſurez-le qu'il ne fera pas tout l'ouvrage; que je ſuis reconnoiſſante; que je rends deux pour un & quelquefois trois. fervez - moi bien, vous ferez contente. Ne foyez embarraffée du choix que pour la fanté; un garçon boucher, n'importe pas, je veux être traîtée en Fermière.

De Madame la Marquife de G***.

Paris, ce 24 mars 1783.

JE n'ai jamais mieux goûté le bonheur d'exifter que chez vous hier; mes vœux ont été remplis en tout, & je n'ai pas eu le temps de vous faire mes remer-cimens; ma reconnoiffance ne pourra jamais être fi grande que le fervice que vous m'avez rendu. Je vous envoie cinquante louis pour ajouter aux grâces que j'ai à vous rendre. Je vous prie de me louer un appartement dans les en-virons de l'églife Saint-Roch; là, fous prétexte d'aller à la meffe & autres

offices, je jouirai amplement du fatyre
que vous avez eu la bonté de me
procurer, & d'un fecond, fi vous pouvez le trouver ; je veux me venger,
& de mon inflexible tyran faire le
plus célèbre cocu de Paris. Votre
affectionnée.

_____

De Madame la Marquife de G***.

Paris ce 27 mars 1783.

I L ne m'eft pas poffible de vous expri-
mer le plaifir que mes deux champions
m'ont procuré ; mais, en me félicitant,
que je vous faffe un nouveau com-
pliment fur le dernier que vous m'a-
vez préfenté. L'afpect de fon énorme
membre m'a d'abord effrayée, & fa
première introduction m'a été fort fenfible ; je croyois à chaque coup qu'il
me feroit renoncer ; mais enfin il a

fait brêche, & pour six fois d'un plaisir inexprimable, il n'en a coûté à votre chère marquise que la perte d'un peu de sang. Adieu, Madame, je suis à présent la plus heureuse des femmes, sauf à braver les regards effrayans de mon farouche mari. Votre amie.

De Monsieur D***.

Paris ce 28 mars 1783.

VOICI encore une affaire d'importance à conduire : Le comte de B***, Suédois, vient de me mander pour lui aller parler ; il vient de me faire son secrétaire : c'est un homme extrêmement riche & fort timide : il aimeroit mieux mourir que de déclarer son amour à la personne qu'il aime ; je sais qu'il aime éperdument Adeline Colombe, pour une fois qu'il l'a vue aux Italiens, il m'en a fait la confidence ; je lui ai dit que je connoiſſois une Dame de ſes amies, qui, moyennant un préſent honnête, ſe mêleroit volontiers de l'entremiſe & ſe chargeroit de faire réuſſir l'affaire ; il ſait qu'Adeline eſt entretenue à cent louis par mois & vingt-cinq d'épingles ou de rubans, & cela ſeul rendra ſon triomphe plus grand. Quoiqu'Adeline ne ſoit pas de vos enfans, il vous ſera facile de la ſéduire : elle a l'ame mercénaire, & ſon cœur qui n'a point de fidélité, n'eſt point fait non plus pour réſiſter aux apas d'un coffre fort auſſi bien pourvu que celui de M. le comte de B ***. Il m'a dit que le préſent ſeroit auſſi grand que ſon amour ; que je pouvois diſpoſer de ſes richeſſes , & qu'il n'avoit rien à ménager pour ſe rendre heureux. J'ai extrait du coffre de notre nouveau pigeon trente mille livres dont je vous envoie moitié. De l'adreffe, & de la prudence, vous en avez. Adeline fera d'autant plus facile à corrompre, qu'elle eft rongée de dettes, & que cette aubaine-ci pourra folder tout ce qu'elle doit. Votre affectionné.

_____

De Madame la Marquife de G* * *.

ce 31 mars 1783.

JE fuis perdue, Madame, fi vous n'avez pitié de moi! Je porte dans mon fein les excès des momens les plus doux. C'eft dans cette circonftance qu'il faut épuifer les reffources de vos expédiens. Abfolument je vous attends ce foir; je vais fimuler une envie de dormir pour me difpenfer d'aller au fpectacle avec mon Moïfe, alors nous concerterons fur le parti que j'ai à prendre dans une pofition fi critique.

Vous jugez bien que depuis fi long-
temps que je me fuis trouvée avec ce
ce hibou, je n'oferois plus le provo-
quer à un plaifir prétendu ; je n'ai
même pas la force de lever les yeux
fur fon infupportable front. De quel
fupplice ne ferois-je pas victime, fi
jamais il fe favoit père d'un enfant dont
un autre l'auroit difpenfé de la façon!
Je fuis déterminée à tout tenter pour
lui faire ignorer mes brigandages.
N'allez pas faire la fcrupuleufe, quarante
louis effaceront le péché que nous allons
commettre. je veux être traitée comme
les demoifelles qui font chez vous,
qui jouiffent beaucoup & qui ne font
jamais d'enfans. venez, je vous attends.
Votre amie.

N.